Coordinación: *M.ª José Gómez-Navarro*
Traducción: *Agustín Gervás*

Título original: *Blackie*

Publicado por primera vez en Bélgica
por la editorial Clavis, Amsterdam-Hasselt, 2001.

Primera edición: octubre 2001
Segunda edición: octubre 2002

© Texto e ilustraciones: Editorial Clavis, Amsterdam-Hasselt, 2001
© De esta edición: Editorial Luis Vives, 2001
Carretera de Madrid, km 315,700
50012 Zaragoza
Teléfono: 913 344 883
ISBN: 84-263-4583-2

Guido Van Genechten

conMigo

EDELVIVES

Vivo con Papá y Mamá en una casa grande llena de cosas.

Y con Zapi, que es nuestro gato.

Mamá y Papá son estupendos, pero siempre están trabajando.

Papá dice que para ganar dinero.

Tengo un armario lleno de peluches y juguetes,

y un castillo y un robot. Pero no tengo con quién jugar.

¡Y, entonces, descubro a Migo!

Con Migo paso todo el día jugando
y nos divertimos muchísimo.
¡Migo es mi mejor amigo!

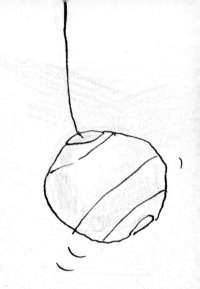

Le puedo contar todo. Siempre me escucha con interés.

Migo nunca se tiene que marchar a trabajar.
Puedo estar con Migo todo el tiempo que quiero.

¡Migo es muy fuerte!
Me ha salvado la vida cientos de veces.

Cuando me duele algo, me coge en brazos
y me cuida hasta que se me pasa.

Migo es muy amoroso y muy blandito.

Cuando estoy entretenido
con algo que me divierte,
no lo echo de menos.

Pero cuando de verdad
lo necesito, llamo a Migo
y viene enseguida.

En un momento echa a los monstruos horribles.
Y me dice bajito:
«Duerme bien, esta noche me quedo contigo».

Y es invisible.
Sólo yo puedo
ver a Migo.

Con Migo me siento mimado y protegido.
Migo ¡ESTÁ SIEMPRE CONMIGO!